빈 공간 채우기

도서출판 천우

● 시인의 말

나의 글쓰기는 주어진 환경에 순응하면서 살아온 날들의 기록이다. 시로 짧게 쓰거나 긴 문장으로 표현해내기가 무척 어려웠지만 크게 두 가지 측면에서 의미가 있는 일이라 생각하여 어려움을 감내했다.

그것은 첫째 지나온 삶을 되돌아보며 나를 반성하고 얼마 남지 않은 삶을 곱게 마무리하려는 것이며, 둘째 후손에게 어려웠던 시절에 물질보다는 정적으로 어울려 살던 사람들의 아름다운 모습을 알려 주고 싶은데 있다. 남들은 자서전으로 모든 것을 기록하지만 나는 부족한 글쓰기로 자서전을 대신하려 한다.

칠 남매의 여섯 번째 딸로 태어난 나는 부모님이 일찍 돌아가셔서 어릴 적부터 심리적인 방황이 컸다. 사춘기를 거쳐 성인으로 자라면서도 그 방황은 불안의 요인으로 작용했지만 책을 읽는 즐거움으로 그 공백을 채웠다. 되돌아보면 그렇게 시작한 유년 시절이 이제는 둥근 원으로 사춘기와 청장년을 거쳐 노년의 제자리로 찾아가고 있음을 깨달았다. 이제는 둥근 삶의 흔적을 풀어야겠다는 생각에 문학에 입문

했다. 그래서 제1시집 『낙엽 여행』으로 시작하여 제2시집 『빈 공간 채우기』로 삶의 여정을 풀어냈다.

두 권의 시집을 엮어내는 동안 아쉬움이 겹쳐 그렇게 살아야만 했는지 반문한 경우가 많았다. 다만 내 아들과 손자 손녀가 할머니는 헛되이 시간을 낭비하지 않았다는 가르침을 받았으면 하는 바람으로 앞을 내다보았다. 그래서 한 편의 시를 완성하기 위해 그 많은 날의 가슴앓이가 오히려 즐거웠다. 후손에게 물려줄 정신적 가치가 바로 글쓰기라는 확신에 지금도 글쓰기는 진행형이며 후손들이 지금처럼 아름답고 바르게 세상을 살아주기를 바라는 마음이다.

그동안 글쓰기에 함께 한 문우들과 지도해 주신 교수님, 출판을 담당해 주신 도서출판 천우 사장님께도 감사의 인사를 올린다.

2018년 11월

도영 송 방 자

제1부

커피향에 남은 향수

제2부

빈 공간 채우기

제3부

사색의 산길 들길

제4부

봄날의 단상

제5부

바람이 가는 길

제1부

커피 향에 남은 향수

정거장

등받이 없는 긴 의자
저녁 햇살 누워 쉬고 있다
백합 향기를 이고
부신 눈 감았다 떴다
할매의 시선이 버스를 응시한다.

오고 가는 차량에
부딪쳐 닿는 노을
여인의 머리가 더 고운데

버스의 문이 열리고
흔드는 손짓에 집중하는 시선들
혼탁한 소음에 끼어
아스팔트 위로 퍼져나간다

확대된 동공으로 엉거주춤 일어나
검은 머리 찰랑거리는
그녀를 토닥여 준다

할매와 손녀의 웃음
세상에서 제일
아름다운 그림이다

그리운 얼굴

앙상한 나무에
눈 쌓인 모양도 제각각
그림 같은 산길에
꿈 많던 시절의 영상이 떠오른다
먼저 간 친구들은
세월 속에 잊혀진 것은 아니었네

희비가 엇갈린 그리움들이
눈 내리는 오솔길을 가로막는다
소리 없는 바람에도
무겁게 흔들리는 나뭇가지들
친구와 나누는 이야기처럼
소중한 느낌으로 한들거린다

설날

우수와 함께 찾아온 설날
바람 한 점 불지 않아
봄이 발아래 와 있다
버들가지에 물이 오르고
새순이 부풀어 올랐다

파란 하늘만큼
무탈한 한 해가 되기를 빌며
염주알을 굴린다

아팠던 순간들
세월과 함께 보내버리고
모두가 하고자 하는 일들
선하게 이루어지기를

문

테이프로 꼭꼭 문틈을 막으니
차가운 바람
매섭게 창을 두드립니다

바람 따라 날아간 그대 소식
바람이 다시 실어올까 엿듣는 사이
사르르 꽃샘바람이 불어옵니다

햇살까지 창문을 기웃거려
행여 그대 소식인가
창문의 테이프를 떼어냅니다

바람이 오가는 좁은 틈새에
귀를 쫑긋 세우고
한껏 부푼 시심을 달래봅니다

커피 1

온기가 있는 방안
커피잔을 쳐다보면
마음이 포근해지는 인사동 거리

친구들과 어울리던 기억들이
은은히 퍼지는 커피 향 속에
화려한 영상으로 되살아난다

따스한 잔 식지 않게
두 손으로 꼬옥 감싸 쥐면
빈 가슴을 치유하는 추억 한 모금

커피 2

흑갈색 잔 위로
훈훈하게 피어나는 옛 생각
방 안 가득
명동의 다방들이 살아나
그림을 그린다

두 손 가득
따스하게 전해 오는 커피 향
지난 아픔들이 스르르 녹아들어
휑한 가슴 가득 가득
온기로 채워 준다

회상(回想)

파란 하늘 아래
하얀 이팝나무

그 길의 여운은
그대와 함께 하얗다

하얀 꽃 아래에서
하얗게 웃던 그대 모습

파란 하늘 아래
하늘이 파래지면

낯설지 않은 이 길이
멀지 않게 다정하다

오월의 추억

육십 년 전의 딸기밭
퇴비같이 거무스름한 흙 위에
진녹색의 이파리를 펴
살짝 몸을 숨기고 있었지

주인은 앉은 자세 그대로
먹을 만큼 따오라 했고
우린 어느 걸 따야 할지
밭고랑을 맴돌았지

씹히는 촉감에 흙이 묻어나도
새콤달콤 맛이 있던 주먹코 딸기
먹고 남는 건 가져가도 된다는
훈훈한 주인까지 아련히 떠오른다

오월의 여인

바람의 공간을 비켜서
높이 더 높이

새들의 날갯짓에
잎새들 오선지를 그리고

태양에 타는 사랑
구름 위에 앉아 있네

연결고리

두툼한 손이
반갑게 내 손을 잡는다
희지도 검지도 않은 얼굴이
온몸에 정을 품어
풍부한 이야깃거리 고무줄 같다

주위엔 항상 사람들이 모이고
친절이 넘치는 평범한 용모에
겸양의 미덕까지 갖춘 넉넉함
그는 사람들을 끌어들이는
이 땅의 연결고리다

외국 나들이 1

다양한 향료의 음식을
세끼 내내 먹어야만 하는 여행길
내장 속은 어느새 문화의 충돌이다

새큼한 김치나
따끈한 멸칫국물이라도 있으면
느끼한 속이 가라앉을 것 같다

후텁지근한 기후가
피부를 자극하는 아침
식당의 쌀국수가 눈을 반긴다

눈치 빠른 여종업원
주먹만 한 실타래에
뜨거운 국물을 부어준다

반가이 들어 올린 젓가락
한순간 겉도는 입맛에
시큼한 김칫국물이 간절해진다

외국 나들이 2

부릉 부르릉
아담한 오토바이가 내뿜는
매연과 먼지가 범벅이 된 거리

아스팔트가 보이질 않을 정도로
사람들이 가득한 거리에
하늘도 낮게 내려앉았다

피부색마저 흙먼지를 닮은 사람들
아찔한 현기증이 설핏 지나가
하노이 거리는 망고 맛도 검다

여행

버릴 수도
주어버릴 수도
보관할 수도
팔아버릴 수도 없다
그러나
나이는 버려야 한다

버릴 수도 없는 몸
한 발 뒤처져
느린 걸음으로
생각을 담아낸다
그래도
일행에 뒤처지면 안 된다

길 1

꾸지람은 듣지 않았다
그래서 불평도 하지 않았다
그때는
흰 고무신에 버선을 신었다

발길을 따라오는 먼지
고무신짝 짝짝 두들기고
버선 짝은 툭툭 쳐내
정갈을 떨었다

정갈하게 빗은 머리
등 돌려 트럭을 피해도
온몸을 뒤집어씌우는
매연과 흙먼지

지금은 어디를 가도
찾아볼 수 없는 흙먼지 길
차가 지나갈 때마다 뒤 돌아서던
아련한 기억들에 미소 짓는다

길 2

산등성이에 앉아
노을은 세상 구경에 멈춰 서있고
햇살에 밀려가는 나그네는
길어진 그림자를 벗하며 간다

어둠을 헤치고 가는 길에
저만치에 서 있는 이정표
그리운 이를 향한 마음을 열어
내 가는 길 의젓이 안내해 준다

촛불 1

아른거리는 바람에
흔들리는 촛불

때로는 수채화처럼
때로는 유화처럼
그림을 그려온
내 삶도 흔들리는데

무슨 흔적 남기려 하는가
알 수 없는 모양으로
촛불이 흘러내린다

촛불 2

그리움의 화신인가
속 깊은 사연으로 앙가슴을 울어
뚝뚝 지는 눈물
웅덩이 같은 샘이 패인다

창틈을 비집은 황소바람
타들어 가는 불길을 흔들어대도
장미 한 송이 피워 올린
가녀린 속삭임이 한들거린다

비밀

아랫배에 신호가 자주 온다
목적지가 멀어
사방을 두리번거린다
넓은 평지에 눈길이 멈췄다
엉거주춤 허리 굽히는데
바위틈에서 양 볼을 씰룩거리며
불룩한 눈이 껌뻑거린다

벌떡 허리 펴고 일어서니
볼일이 산등성이로 달아나 버렸다
마주 보며 웃는 소리가
산골짝을 들썩거려도
다람쥐는 아무 일도 없었던 듯
꼬리를 치켜세우며
월동 준비에 바쁘다

제2부

빈 공간 채우기

빈 공간 채우기

복잡한 생각들
구름 위로 날려 보내고
텅 빈 머리 차곡차곡
사랑으로 채우자

냉장고 같은 머릿속
멍한 정신으로
한 줄 한 줄
속 깊은 글로 채워가고

사유의 공간은 비워 두자
청각*을 모셔놓고
김치 속에 넣지 않는
어느 해처럼 실수하지 않도록

*청각 : 녹조류 청각과에 속한 바닷말.

그 남자의 색소폰 소리

의자는 보이지 않아도
무릎 모으고 앉은 바로 앞
파란색 조그만 바구니 속에
날개 편 학이 은전 사이로 날고
퇴계, 율곡, 세종대왕이
어전회의를 하듯 사이좋게 앉아있다

산 입구 세 갈래길 모퉁이에서
색소폰 소리가 울려 퍼지면
나뭇가지들이 덩달아 춤추고
웅덩이 모래알들 반짝이는 사이로
쬐끄만 고기들 음악에 취해있었다

산들이 한들거리고
물도 쉬었다 가는 깊은 골짜기
그 어느 세월에 강산이 바뀌었는지
나뭇잎에 하늘이 보이지 않고
정확했던 선율이 흔들거려도
그는 여전히 색소폰을 연주한다

비틀거리는 음률에
나뭇잎들도 휴식을 취하고
제자리에 머무는 옥타브들이
물소리에 젖어 골짜기를 허우적댄다

대중가요에 흘러간 명곡
때로는 민요와 클래식까지
계곡을 울리던 그 다양한 음악이
이젠 가을맞이 낙엽처럼
느릿느릿 세월을 맴돈다

모성

화려하게 차려입은 오리들
돌섬에 옹기종기
시절가를 부르다가

새끼 한 마리
물속에 뛰어들어 푸덕거리면
어미 오리 날개 펴
물속으로 뛰어든다

행여 깊은 물에 빠질까
센 물결에 쓸릴까
잔잔한 물가로 이끌어 가는
오리 가족의 행복한 소풍

원두막

전쟁도 놀이로 여기던 시절
낯선 곳 친구 따라 찾은 원두막
수숫대 얼기설기 엮은 지붕에
벌들이 날아들어 소란하였네

침 빼고 빨면 달다 하기에
쪽쪽 빨다가 입술을 톡 쏘였지
깜짝 놀란 아버지
달려와 된장 발라 주셨지

참외 가게를 지나면
추억처럼 떠오르는 정경
팔순 앞둔 나이에
아버지의 목소리가 들린다

밤하늘

동네 시장 구부러진 모퉁이길
오래된 쌀가게랑 잡화상들이
대형마트에 밀려 자취를 감췄다

뽀얗던 부부의 얼굴
세월의 흔적이 뚜렷이 보여도
오가는 사람마다 인사 잊지 않았지

가마니가 봉지로 변해 맵시 있는 쌀
비닐막으로 바람을 피해도
쌀 파는 재미에 흥얼거렸지

흥얼흥얼
콧등이 즐겁던 상인들은 어디 가고
뻔질한 대형마트에 골목길이 어둡다

간절한 마음

잣나무가 갈인가
팔팔 나는 청설모
주먹만 한 잣을 움켜쥐고
공중으로 솟구친다

까맣게 반짝이는 눈에
하늘이 담겨
검은 호수처럼 맑다

긴 꼬리 치켜세우고
부지런히 잣을 찾는 모습에
내 하루를 생각해본다

1950년 대구

영덕대게 사이소오

투박한 목소리
달빛 오른 대바구니 어깨가
갈지(之)자 걸음으로
골목길을 누빈다

전쟁의 아픔 가시기도 전
판잣집 아지매
여닫이문 밀치고

몬 팔았능교
와서 밥 묵고가소

수그러진 머리로
당나귀 귀가 된 아재
서둘러 밥상을 물려도
쩌렁거리는 울림이
어둠에 묻힌다

건장한 목소리
밤하늘을 뒤흔드는
골목길

착각

이사를 간다는 정 군에게
받아야 할 세금 사만 오천 원
생각은 거기에 머물러 있는데
정 군은 오히려 만원을 빌려 달라 했다

얼마 지나 정 군이 떠날 무렵
세금 이야기를 했더니
아까 빌린 돈까지 계좌이체 했단다

기계화되어가는 생활에
익숙하지 못한 할머니
그 작은 실수를 오늘도 반복한다

두더지

동쪽 향해
둥그렇게 둘러친
산

대대로 물려받은
유명 대감 주인인 양
긴 잠을 자고 있다

새벽마다
잔디를 파헤쳐
위치를 확인한다

꺼졌다 솟았다
몇 번의 지각변동으로
자리를 지키는 의지

뮛등까지 올라가지 않는
조상과의 약속인가
우직하게 선산을 지킨다

한가윗날 공원

텅 빈 의자에
가을 햇살이 따사롭다
고개를 떨군 채
시간의 사이를 방황하는
마음이 아픈 사람들

둥근 달 쳐다보며
소원 빌어 보려고
생각에 잠겼나

비둘기 무리 지어
먹이를 쪼는
언덕길을 흘끔 곁눈질한다

편지

마음으로 보는 첫날
해묵은 옷들
나눔의 집으로 표시해놓고
화사한 블라우스를 입는다

꿈이 이뤄지질 않아
소식 없는 친구
우리 이젠 달라져야 할 때다
누구나 험한 일 다 겪지 않겠나

끝도 없이 높은 하늘
밟아도 꺼지지 않는 땅
그 안에 든든한 우리가 있으니
우리 잊지 말고 힘을 내자

자야!
또다시
우리 지혜롭게 사는
한 해가 되어보자

별똥별

자야! 밥 묵었나?
그래 묵었다. 니는?
내도 묵었다. 뭐하노 니는?
머리가 쪼매 복잡하다아이가
하 하 하 글이 안 써지나
우에 알았노
내가 니를 모르믄 누가 아나

친구의 웃음소리가
밤하늘에 번지는 순간
별똥별이 시 한 수를 그리며
은하수 사이로 반짝 지나간다
시는 이렇게 쓰는 거야
그렇지
갑자기 손놀림이 바빠진다

니는 별똥별이 지나가야
시를 쓰나?
친구가 또 한바탕
하늘 향해 웃었다

특산품

반달 병풍 둘러친 산 아래
옹기종기 열린 재래시장
어깨를 부딪쳐도 정겨운 길엔
콧등치기 올챙이 국숫집이
손님을 맞는다

유리 미닫이 두 쪽짜리 진열대 앞
노란 양푼에 올라앉은
콧등치기들이 썰렁한데
곁에 늘어선 약초들이
경동약령시장을 닮았다

특산품에 번호표를 매달고
앉아있는 할머니
주름살에 정선지도가 선명하다

강물에 흘려보낸 세월 따라
장터를 장식하는 낙엽들이
차가운 햇살을 주워 담는다
콧등이 간지러운
정선 재래시장에서

초록 모자

어린 딸의 머리에
초록 모자 씌워 놓고
온몸으로 웃으시던 아버지

예닐곱 살의 아리송한 기억에
어느덧 세월의 두께가 끼어
꼬마의 추억에도 흰머리가 솟았네

초록 모자 들고 계신
그 옛날의 아버지
지금의 내 모습처럼 흰 머리였지

늘어나는 새치에
거인처럼 우뚝한 아버지 생각

샘솟는 아침

안개 속에 아른아른
손 흔들어대는 모습
배시시 웃는 얼굴로 반가이 맞는다

강물에 철새들 한가한 날갯짓에
테니스장의 빠른 동작 사이로
어느새 따뜻한 햇살이 손을 잡는다

진한 커피 향이 화가의 손놀림처럼
사람들 사이로 퍼져 나가고

잔을 움켜쥔 채 아침을 마시는
차가운 공기 속에 마주한 우리
운동보다 더 좋은 하루의 시작이다

순서 없는 지하철

얽히고설킨 줄서기
연륜과 관계없이 누구나 바쁜 시간
먼저든 나중이든 출발은 같다

내릴 때는 순서대로
내리는 것도 아닌데 끼어들고
미안하단 말도 없는 부딪침의 삭막함

기관사의 출발한다는 한마디에
모든 것이 묻혀버리고
역이 바뀔 때마다 밀리고 밀고
순서가 뒤바뀌는 신비한 순서

제3부

사색의 산길 들길

산행

물안개 자욱한 산골짜기
하늘을 가린 개벚나무들
비에 젖은 눈발이 되어
계곡을 흐른다

못다 산 영혼들
넓은 세상 찾아 나선 길
사념에 젖은 그곳에
꽃잎들 소리 없이 날린다

세월

꽃샘추위에
안개비가 내린다

강둑에 새싹들
부풀어 오르는데

빗줄기 굵어져
걷던 길 돌아서게 한다

멈출 줄 모르고
가기만 하는 세월

등꽃

가녀린 줄기마다
몽글몽글 피어나
나무마다 감아댄
사랑의 꽃송이

한 잎 한 잎
손짓하듯
발걸음을 유혹하네
갈길 밝혀주는 꽃등

등나무꽃

시골길 슬레이트집
지붕을 흐드러지게 덮은 줄기
가지마다 바람이 스치면
늘어진 꽃송이 간당거려
향기 더욱 번진다

삭은 철대문 기둥에 기댄 채
안팎으로 커버린 몸통
실타래처럼 사방으로 얽혀
솜털 무성한 줄기
낡은 집보다 든든해 보인다

양팔로도 품을 수 없는
가지마다 취한 듯 한들거리고
덩달아 이파리도 한몫해대는
사랑의 힘에 고목이 황홀하다

모란 1

검붉은 모란 주위를
벌나비 맴돌다 날아가네

꽃술에 취해 있는
내 발목을 붙드네

갈 길 망설이는
내 모습을 닮았네

밤하늘의 목련 1

가지마다 환한 등불
달빛 밝은 봄바람에
한들거립니다

오늘 같은 밤이면
잠 못 이루는 꽃을 따라
밤새 시를 쓰고 싶습니다

달빛과 목련
그들의 사연을 담아
그리운 이에게 보내고 싶습니다

밤하늘의 목련 2

누가 하얀 빨래를 널었나
바람에 나부끼는 모시 조각이
사 사 삭 소리를 낸다

행주치마에 손 비비며
담장에 기대고 선 얼굴
달빛보다 창백하다

빗장 걸린 대문에
달과 함께 기우는 그림자
고단한 하루는
또 하나의 누운 장승이어라

물길

억세게 쏟아 내리는 비
물살에 색깔도 다양한
쓰레기 더미가 밀려오고
애처로운 풀벌레 소리까지
살곳이 다리 밑을 빠져나간다

도심 속 넘실거리는
헤드라이트 불빛들
흙탕물 진 한강 위로 뿌리는
고단한 해 질 녘
스치는 발걸음이 무겁다

강변의 가로등

물 위에 춤사위
달님도 덩달아
장단을 맞추는데
살랑바람 살며시
리듬도 즐겁다

널따랗게 펼쳐진
오렌지색의 옷감
색의 향연을 벌이는
수면이 눈부시다

파도 3

드센 파도 밀려와
쓰레기를 삼키고 난 듯
방파제를 두드리다
넘실대는 춤사위로 사라진다

고무 앞치마에 날아든
하얀 물보라 털어내는
해변의 여인들
그 일상적인 푸념도 아랑곳없이
파도는 한숨까지 쓸어 간다

동행

낙엽 위에 잔설이 쌓이면
희끗해진 머리에
인생을 뒤돌아보는
그 누구와도 함께 걷고 싶다

가을과 겨울이 동행하는
이 계절의 접점에서
홀로 걷는 이 길에 눈이 가득 쌓이면
누구라도 함께 발자국을 남기고 싶다

언젠가 지워질 발자국이지만
한순간의 동행이 외롭지 않은
그대와의 흔적을
낙엽이 쌓인 눈길에 새기고 싶다

코스모스의 추억

코스모스 허리 굽혀
인사하는 들녘에서
키 재기를 하며 추억을 찾으면
살포시 새들이 날아와
깃털에 실어온 소식을 전한다.

잊었던 그리움들이
새록새록 돋아나는 새싹인 양
봄 구름 타고 날아오른다
기다란 목줄기에서
코스모스 한들한들 들려오는 옛 노래

갈대

세찬 강바람에 흔들려도
바람길 낮게 열어
허리 아픈 한나절
햇살 따라 흐르는 물길에
사그락사그락
온몸으로 노래한다

손사랫짓 흔들리는 가락에
분신을 실어 보내야 하는
정처 없는 하얀 여정
떠나라 멀리
눈시울도 하얗게 물드는
바람결의 갈대숲

바람

강물 위에 음표를 그려
노래를 한다

나뭇가지 흔들어
넘어가는 강언덕

봄볕 내리는 의자에
한가히 앉은 황혼 녘 부부

바람이 힘 실어주려는 듯
주변을 맴돈다

가로등 밑

누군가의 서러운
눈물인 양 빛이 내려
나는 빛을 입은 비가 된다

가로등 외로운 밑둥
외로운 발길을 적시기 위해
가뭄의 단비가 된다

비 내리는 가로등 밑
헤드라이트 불빛도 무색해 하는
시원한 빗줄기로 머물고 싶다

폭포

피아니스트가
온몸으로 내려치는 소리

하늘을 덮는 공해
속살을 드러낸 모래 자갈길

천둥에 장대비 쏟아져 내리면
마른 절벽이 폭포가 되어

가뭄의 한숨까지 쏟아내리고
피아노 가락이 덩달아 춤을 춘다

소나기

세찬 비바람
두둑두둑
우산을 때리네

길가의 단풍잎
후두두둑 몰려와
길을 쓸어버리고

뛰는 발걸음에
성큼성큼
겨울이 달려 온다

왼쪽 발바닥에 박힌 굳은살

나의 몸 어딘가?
딱딱한 시간이 뭉쳐있다

화를 풀어내고 있다
어둠을 풀어내고 있다

산길 따라 걸으니
성질부리던 구두

서서히
다시 주인을 알아보며
굳은살이 편해진다

걸어갈수록 구두가 마음에 든다

오래 머문 것들이 편해지며
발을 품고 꿈을 꾼다

제4부

봄날의 단상

숨

바위도 뚫고 나오는
생명의 힘
쑥쑥 고개 내밀어
지난날을 기지개 켠다

도끼도 튕기는 굳은 땅 위에
새 생명이 트는 숨소리
귀 기울여 들어보는
겨울넘이의 꿈틀거림들

목을 감싸 움츠리고 걸어도
툭 툭
튀어나온 이마를
살짝 스쳐 가는 봄바람

봄날

개나리 꽃잔치 열려
담장 그늘도 노랗다
하얀색 보라색 빨간색

발길을 유혹하는
방울방울 꽃망울

살랑살랑살랑 바람
살포시 내려앉아
잠을 깨우는 봄날

봄 소리

마른 풀잎 사이로
흘러가는 물소리

나뭇가지에 지저귀는
새소리를 닮았다

봄을 기다리며

동공이 머뭇거리는 창가
정적을 깨는 마른기침은
한파보다 더한 세파를 걱정한다

내 몸을 잊은 혹한 위로
바싹 마른 낙엽이
툭툭 어깨를 치듯 스쳐 간다

햇살 창 안으로 찾아오는 날
입춘방 크게 써 붙이고
간절한 마음으로 봄을 기다리면

모과차 한입에
봄은 저만큼
가까이에 와 있다

봄비

성큼 봄이 다가와
마음엔 구슬비
방울방울 내리네요

이젠 지워버리라는 듯
유리창에 맺혀 있는 추억
사랑은 영원히
지워지지 않는 거라고

마음의 유리창엔
당신은 선명히 맺혀 있네요
잊혀지지 않는 봄비의 사랑

봄바람

강가의 여인이 되어
봄을 그리는 바람

가슴 가득
사랑으로 싹을 틔우면

화사하게 이는 바람
생명들이 활활 생기 돋운다

희망의 봄

양지쪽의 목련으로
골목길이 하얗다

그 멋진 사람
꽃바람 타고 있을까

사랑한단 말 날려 보내니
마음이 설렌다

웃음 머금고
바쁜 걸음 재촉하겠지

요란한 봄날

잎새도 없이
성급하게 달려온다

바람의 시샘인가
뚝뚝 꽃잎 날리고
앙상한 가지들 푸르러 간다

한여름 소나기처럼
천둥소리 요란하게
봄비 내리는 밤

피부병처럼 부스러진 바닥
빗물로 치료해도
꽃이 진 봄날은 마음이 스산하다

봄날 1

자란자란 내리던 비가
나뭇잎 위에서 쉬고 있어요

살랑바람 연듯빛 잎을 스치며
또르륵 또르륵
사랑의 흔적을 남기라 하네요

굳은 땅 헤치는 새순들의 노래에
배시시 봄날이 달려오네요

봄날 2

답답함 풀어 헤치고
두리번두리번

피어난 꽃자리
여기저기에

까르르까르르
햇살 어울려

나른한 봄날이
스멀스멀 익어간다

봄날 3

지나온 흔적 버리라 하네요
규칙을 벗어난
자유로운 생활을 즐겨보라 하네요

넓은 세상 걱정 말고 다녀보라 하네요
언 땅 뚫고 나오는
새순보다 황당하진 않을 거라 하네요

뒤돌아보지 말고
한 걸음씩
아지랑이 속을 걸어보라 하네요

가는 곳마다
머무는
사랑을 찾자고 하네요

어느 봄날

개나리 꽃잔치 열려
담장 밑 그늘도 노랗다

겨울잠 재운 호박
누런 호박채 같다

꽃잎마다 맛깔스럽게
호박전이 피어나는

어느 봄날

봄날에

반질거리던 땅들이
보슬비에 부풀어 오르고

노란 병아리들
바쁘게 햇살을 쪼아댄다

상큼 바람에 지워지는
겨울의 흔적

봄이 오는 소리가
곳곳에 요란하다

폭염을 실어 나르는 사내

옥수동 꼭대기 막다른 길모퉁이
생선의 희멀건 한 눈들을
멀뚱히 지켜보는 맥 빠진 모습
리어카를 매단 자전거 페달을
힘주며 밟아대는 얼굴이 벌겋다

등 뒤에 매단 애드벌룬이
페달의 힘살에 흔들거려도
부릅뜬 시선은 강물에 꽂혔다
마포나루터에 자리를 잡아
애드벌룬이 강물에 자맥질하는 순간
몸속의 화기도 띄워버렸다

폭염보다 더한 삶의 무게
작은 몸뚱이 붉은 산이 되어
강변으로 휩쓸려가도
삶의 열망에 찬 얼굴이 밝다
찜통더위도 어쩔 수 없는

더위

해마다 이맘때면
어김없이 찾아오는 당신

얼른 갔으면 해도
전혀 떠날 기색이 없어

차라리
야참이라도 같이 먹자 달래 보네

말복 날

숲속의 하늘 가을로 향해도
연일 내리는 폭염주의보

바람 한 점 없는 하늘을 보며
해수욕장 파도를 담아 안는다

가슴 속 바다까지 더위에 물들어도
말복은 곧 가을이 온다는 소식

새벽녘 이불 끌어당길 날 생각하면
삼복더위 말복 날도 쉽게 잊혀지겠지

삼복더위

올해도 찾아온 더운 기운이
온통 몸을 감아대네요

돌솥에 오골계 넣어
끓어오른 열을 먹고 또 먹어봐요

소나기는 어디쯤에서
타는 세상 한가롭게 구경 하나요

골짜기 폭포수가 간절하네요
삼복더위 가실 날은 언제인지요

맨드라미

얼키설키 판자로 엮은 울타리 사이마다
맨드라미 키 재기 하는 산골짜기 마을

많은 사람 도시로 떠나고
서씨네만 자리 지킴으로 남아있다

수야네가 살던 담장 안엔 주인을 기다리는
맨드라미가 까칠해진 닭 벼슬처럼
핏기 잃고 시들어가는 동안

발자국 소리만 나도 반질거리는
까만 씨앗들이 우수수 달려 나오곤 했다

담장 사이로 시끌벅적하던
우물가의 아주머니들이 보이고
버리고 싶지 않은 붉은 마음
부챗살처럼 퍼져간다

수십 년 세월, 마을과 함께 숨 쉬는
빛깔 빈집을 떠받치고 있다

제5부

바람이 가는 길

비 오는 가을 산

비가 내리면
투명한 비닐우산 위에서
나는 빗물이 된다

선명한 빛으로 흘러
어둑한 지붕 속
갈증에 시든 풀잎을 적시고

단풍 같은 비옷을 향해
해갈의 몸짓을 세우는
마른 풀잎도 본다.

비가 내리면
나는 생명으로
우산 살을 타고 흐른다

가을 1

가을이 물든 산을
오르고 있다
어느 화가의 풍경화처럼
채색이 한창이다

그 속으로
내가 걷고 있는데

바스락거리는
순이의 사연이 뒤따라 온다

가을 속의 난
님에게 전하지 못한 사연을
단풍 엽서에 실어
다시 가을 속으로 보내고 있다

가을 2

바람의 인사인가
물결치듯 하늘거리는
코 스 모 스

산바람에
추억의 날개 활짝 펴
그리움에 젖는다

흔적도 없이 가버린 세월
하늘의 조각구름도
세월 가듯 흐른다

가을 3

파도처럼 밀려오는
잔잔한 바람

붉디붉은 바람이
텅 빈 속내를 감싸
산등성이로 향한다

산마루에서 발돋움하면
행여 잡힐까
구름 따라 보낸 사랑

물든 몸 바람에 끌려가는
가을날 오후

가을 소식

발길 닿는 곳마다
잎새들이 소란하다

노란 이파리
노랑노랑 바쁘고
빨간 이파리
빨강빨강 바쁘다

혼자 걷는 가을 길
추억에 바쁘고
생각에 바쁘고

뭉게구름 너울너울
새들이 바쁘고
햇살에 실려 오는
가을 소식이 바쁘다

가을 속으로

들국화가 손짓하는
산길을 걸어가네

세월에 묻힌 사랑
같이 가자 유혹하네

바람 같은 세월 속으로
속절없이 걷는 발자국

어느 틈에 살금살금
추억이 뒤따라 오네

갈바람

나를 따라오는
붉디붉은 바람
갈- 갈 갈- 갈
그리움을 안겨주네

도심 속
아스팔트에 뒹구는 가을
차들의 느린 행렬에
석양빛이 내려앉고 있네

가을 숲

메말라가는 풀숲
귀뚜라미 소리가 외롭다
왁자지껄한 포장마차 지붕
달빛에 처량하고

앞치마 두른 여인
밤하늘에 시름도 깊어가네
냉랭한 밤하늘
어느새 겨울이 발아래 와있네

감기

추위에 웅크렸던
목련이 기지개를 켠다

황혼에 살짝 웅크린 꽃눈
대낮에 활짝 피려다 오므리고

목련을 에워싼 한기에
감기를 맞았다

목련 대신 콜록대는
이른 봄의 감기

첫눈

하늘로 내달린 키다리 빌딩
여름 내내 담아 온 사연들이
차가워진 시멘트벽 사이로
하얀 한숨으로 날린다

그 오랜 인고를 이해하는 듯
바람마저 혼곤히 낮잠으로 비켜서고
뒹구는 낙엽을 지켜보는 나무들도
가만가만 소복으로 단장한다

앙상한 나무

나무들이 부딪치는 앙상한 산길
추위에 굵은 나무도
숨죽인 듯 오그라들었다

동장군 물러가는 봄날이 오면
가지마다 무성한 잎새가 돋아
모두가 쉴 수 있는 그늘 되겠지

찬바람 휘날리는 골짜기에는
골골이 쌓인 마른 낙엽이
산등성이 너머로 달아난다

눈 속의 들국화 1

못다 한 가을 향 이불에 뿌려
추위조차 감미로운 겨울의 문턱

투명한 하늘에 맑은 잔 띄워
은은한 향기로 피어오르면
세상은 온통 순결하여라

가을 향 국화로 하얗게 번져
눈길조차 향기로운 가을의 언덕

눈 속의 들국화 2

눈 속에 파묻혀
수줍은 얼굴

연미색 꽃술은
누굴 향한 연민인가

향기 가득 찬바람에 번져도
향유할 대상이 없어 외로운가

먼 길 가야 할 가을
지켜주는 순백이 향기롭다

눈 1

바람에 나풀나풀 날아들다가
햇살에 뚝뚝 근심 녹여내리는
그대는 순백의 흔적

속진의 세상 순백으로 펼쳐놓고
가슴 속 생명의 풀씨 잠재우는
그대는 생명의 따뜻한 이불

눈 2

함박눈 흠뻑
소나무 가지마다
몽실몽실 목화송이 맺혔다

숭숭 구멍 난 세월
꽃으로 곱게 피어나는
함박눈 내리는 날

한 해를 보내며

달랑달랑 얇아진 달력
며칠 지나면 폐휴지가 될
달력에는 인생이 있다

숨 가쁘게 달리지 않아도
가버린 날은 모두가 옛날
달력이 달랑거리면
지혜롭지 못한 날이 아쉬워진다

얄팍해진 달력에
마음은 벌써
한 해의 새로운 꿈을 담는다

바람이 가는 길
— 봄 찾아 나선 길

동면 지나 어디쯤 왔을까
광나루 근처 와보니
벌써 마포에 다다랐는지
냉랭한 공기가 사뭇 따사롭다

아니야!
재래시장 순대 국밥집
그 주변에 머물러 있겠지
바람결에 들려오는 염불 소리 따라
발걸음 가벼이 고찰까지 왔겠다

후미진 마당가에
목련 산수유 몇 그루
향기가 제 먼저 찾아와
추녀 끝에 대롱거린다

도영 송방자 시인의 시 세계

— 박애정신의 사회적 승화

샘물 강기옥(시인 · 국사편찬위원회 사료조사위원)

▶ 들어가는 말

문학은 인간의 삶을 주제로 한 예술이기에 연륜에 따라 표현하는 방법과 관점이 다르다. 젊은 시절에 문학을 대하는 자세는 도전의식이 강한 실험정신이 나타나기도 하고 질풍노도와 같은 감정의 유로를 추구한다. 그러나 원숙한 나이에 문학을 보는 관점은 그동안 살아온 삶의 실체를 반영하거나 그 후일담에서 오는 잔잔한 감동을 표현한다. 사람은 누구나 살아가는 과정이나 경험을 표현하려는 본능에 의해 자신의 내면세계를 표출하는 방법이 다르다. 그것은 예술의 어느 장르도 마찬가지지만 특히 문학은 깊은 사유의 기간을 거쳐 표현하기 때문에 그 주제와 표현 방식이 현실적이면서도 신중하다. 즉 현실의 경험이나 삶 자체를 예술로 표현해 내려는 욕구는 나이가 많을수록 진지하다. 그래서 한 편의 시에도 인생의 깊이를 덧입히려는 리얼리즘적 기법을 추구한다. 즉 문학이 지닌 허구와 진실의 모순된 가치를 감동, 교훈 등으로 포용하는 능력이 탁월해진다. 독자의 마음을 적시는 주제의식으로 현실을 바라보는 진정성을 가미하여 자연주의와 사실주의적 특징을 보이는 것이다. 그것이 늦은 나이에 문학을 탐구하는 사람들의 공통적 특징이다.

예술에도 기존의 가치와 정형성을 추구하는 보수적 색채가 있는가 하면 새로운 가치와 시대적 변화를 추구하는 진보적 경향이 있다. 호소력이 강한 음색으로 청자의 감정을 자극하는 뽕짝 가요에 비해 랩과 율동, 빠른 비트를 가미한 신세대의 음악은 형제간에도 세대 차이를 느끼게 한다는 것이 대표적인 경우다. 문학도 작가의 연륜에 따라 표현하는 방법이나 대상이 다른 것은 그런 연유에서다.

문학은 선대와 후대가 공감할 수 있는 공통분모가 많다는 것이 큰 매력이다. 특히 시는 세대의 구분이 없이 같은 주제를 같은 형식으로 표현할 수 있는 특징이 있다. 할머니가 쓴 시라도 유년의 경험이 살려 있기 때문에 독자와 쉽게 공감할 수 있는 것이다. 그래서 시인의 시세계를 나이와 연관 짓는다면 상관

성은 부등호다. 도영 송방자 시인의 시집 원고를 읽으며 도출해낸 또 하나의 공식이다. 팔순에 쓴 시인데도 소녀적 감상의 작품이 많고, 삶의 과정에서 경험한 사회적 관심을 애잔한 정감으로 표현한 작품도 많기 때문이다.

제1시집 『낙엽 여행』을 작년 6월에 상재하고 1년 남짓한 세월에 또 한 권의 시집을 발간한다는 것은 가히 존경스러운 일이다. 나이가 들수록 서정을 추구하는 의욕이 강하고 겪은 일들이 많아 시로 표현할 대상이 더 많다는 것을 확인케 한다. 사회 현상에서 느낀 정감을 있는 그대로 그려보려는 사실주의적 수법으로 쓴 작품이 많기도 하고, 실증주의적 기법으로 써내려간 작품도 많은 것도 그 때문이다. 도영 송방자 시인의 시를 감상하는 것은 곧 그녀의 삶을 들여다보는 인생 여정의 탐구라서 의미가 있다.

제2시집 『빈 공간 채우기』는 제1시집 『낙엽여행』과 일란성 쌍둥이처럼 주제와 시적 전개방법이 비슷하여 그 서문의 한 부분을 첨기한다. 결국 도영 시인은 '나이는 숫자에 불과하다'는 속설을 실감하게 하는 시인임을 확인할 수 있을 것이다. 더불어 도영 송방자 시인은 이웃과 사회를 향한 원숙한 사랑을 시로 그려냈기에 시를 읽고 있으면 마음이 훈훈해진다.

– 애매모호하게 다의적 요소를 지닌 현대적 의미에서 도영 시인이 보인 시적 특성은 자연이 모방

해도 좋은 시세계를 열었기 때문이다. 그 원인은 분명 독서대중의 시대를 산 사람으로서 독서를 많이 한 영향이겠지만 시대를 거스른 수사학(레토릭 rhetoric)의 적용에 있다. B.C 5세기에서 4세기 초까지 활동했던 소피스트(Sophist)들이 설득을 위한 학문으로 문법(grammar), 논리(logic)와 함께 수사학 등 3대 학문을 이용하면서 수사학을 주지주의(主知主義)적인 이성적 방법으로 활용하였다. 그러던 것이 르네상스 시대에 이르러 인본주의의 휴머니즘이 대두하면서 주의주의(主意主義)적인 감성적 방법으로 바꿔 활용했다. 표현의 방법과 활용의 대상이 바뀌어 시의 흐름과 예술의 방향이 바뀐 것이다. 그 전통은 현대까지 이어져 수 세기에 이르는 문예사조의 변화를 거쳐 문학이 주지주의적 경향과 주정주의적 경향으로 양립했다.

다양한 종류의 책을 많이 읽은 도영 시인은 자기도 모르게 문학의 흐름에 편승한 문장력을 나타낸다. 소위 레토릭의 확장으로 다양한 비유와 상징을 활용하고, 자연과 인간과 사물과의 교감을 통해 잔잔한 사랑을 담아냈다. 여기에 어떤 기교를 적용해도 가능한 초월적 수사학이 내재해 있고 어떤 수사학을 생략해도 가능한 감성적 이론의 적용이 가능하다. -

1. 커피향에 남은 향수

2017년에 상재한 첫 시집 『낙엽 여행』에서 필자는

도영 송방자 시인의 시를 '시의 정의에 대한 역설(逆說)'이라고 지적했다. 더불어 아리스토텔레스의 모방론을 예로 일부 예술가들이 '자연이 시를 닮아가고, 자연이 예술의 속성을 모방한다'고 하는 지경이 이른 현상에서 왜 시에 대한 정의가 무의미해졌는지를 밝혔다. 그런데 1년이 지난 짧은 기간에 발표한 시들은 기법 면에서 큰 차이를 보이지 않지만, 소재와 시적 대상의 형상화는 상당한 변화를 보인다. 제2시집도 제1시집의 연장선으로 보는 이유다. 제2시집 『빈 공간 채우기』는 이를 전제로 감상해야 제맛이 난다.

제1부 '커피향에 남은 향수'는 도영 시인의 시세계를 여는 대문이며, 맨 앞에 제시한 '정거장'은 곧 시집을 여는 서시(序詩)다. 그러므로 '정거장'은 도영 시인이 이 시집을 통해 추구하는 가치가 무엇이며 어떤 주제의식이 담겨 있는가를 암시한다.

등받이 없는 긴 의자
저녁햇살 누워 쉬고 있다
백합 향기를 이고
부신 눈 감았다 떴다
할매의 시선이 버스를 응시한다.

오고 가는 차량에
부딪쳐 닿는 노을
여인의 머리가 더 고운데

버스의 문이 열리고
흔드는 손짓에 집중하는 시선들
혼탁한 소음에 끼어
아스팔트 위로 펴져나간다

확대된 동공으로 엉거주춤 일어나
검은 머리 찰랑거리는
그녀를 토닥여 준다

할매와 손녀의 웃음
세상에서 제일
아름다운 그림이다

—「정거장」 전문

일반적으로 정거장은 버스나 기차 등 정기적으로 운용하는 차량이 잠시 머물러 승객이 내리거나 탈 수 있게 편의를 제공한 일정한 장소를 말한다. 때로는 화물을 싣고 내리는 시설을 말하기도 하는데 도영 시인이 묘사한 정거장은 정감이 있는 대합실의 기능을 소재를 삼았다. 대합실은 손님이 기다리며 머물 수 있도록 마련한 장소이기 때문에 정거장보다는 만남의 의미가 강하다. 소화물을 하역하거나 새로운 짐을 싣는 기능보다는 사람을 기다렸다 만나는 장소는 확실히 시적 대상으로 충분하다.

이 시는 도입부터 정겹다. 등받이가 없는 긴 의자에 저녁 햇살이 누어 쉬고, 거기에 기댄 할머니가 부신 햇살에 눈을 깜박거리는 모습을 사실적으로 묘사했다. 그렇게 눈이 부신데도 버스가 멈추면 흔드는 손을 응시한다. 정적인 양태에서 동적인 양태로 변하는 할머니의 행동을 추적하는 시인의 시선은 정겹다. 그런데 만나야 할 사람을 만나지 못한 자에게 독자의 시선을 유도하는 부분이 더 정겹다. 즉 버스가 떠나며 내는 소리나 반가움에 떠드는 소리가 모두 소음으로 변하여 아스팔트 위로 퍼져 나간다는 부분은 안쓰러움을 유발하게 하는 의미의 확장이다. 아쉬운 자들을 배려하는 따뜻한 마음이 이 시집 전체를 관통하는 바탕이다. 손녀딸을 토닥여주는 따뜻한 손, 그래서 '할매와 손녀의 웃음'은 '세상에서 제일/ 아름다운 그림'이라고 단정한다.

실제로 도영 시인에게는 딸처럼 키운 손녀가 있다. 젖먹이 시절부터 지금까지 키우고 가르친 손녀딸 홍민화는 도영 시인의 분신이나 다름없는 피붙이다. 필자가 한국문인협회에서 운영하는 평생교육원에서 강의하고 있을 때 할머니를 모시고 와서 시 공부의 다리 역할도 손녀 민화양이 해주었다. 공부를 마치고 손녀와 주고받는 전화 내용은 친구와 나누는 대화인지 착각할 정도로 다정하다. 그 손녀가 학교나 직장에서 돌아올 때 버스정거장에서 기다리는 심정을 타인에게까지 적용하여 '정거장'을 따뜻한 만남의 장소로 바꿔 놓았다. 모든 예술이 그렇지만 짧은 몇 줄의 글로 압축하여 표현하는 시는 그 어느 예술보다 실감 나는 체험이 필요하다. 매일 만나는 손녀지만 만남 그 자체만으로도 반가운 정거장을 시제로 삼은 것이다. 그만큼 늦은 시간의 마중이 잦았음을 암시한 시라서 그 울림이 크다.

우수와 함께 찾아온 설날
바람 한 점 불지 않아
봄이 발아래 와 있다
버들가지에 물이 오르고
새순이 부풀어 올랐다

파란 하늘만큼
무탈한 한 해가 되기를 빌며
염주알을 굴린다

아팠던 순간들
세월과 함께 보내버리고
모두가 하고자 하는 일들
선하게 이루어지기를

—「설날」 전문

설날에는 모두가 한 해의 일이 잘 풀리기를 기원을 한다. 대부분 가족의 건강을 비는 것이 일반적인데 요즈음에는 결혼이 선택이라는 젊은이가 많아 결혼에 대한 기원도 많다. 도영 송방자 시인이 맞는 설날은 어떤 의미가 있을까?

'설날'의 설은 '낯설다' '삼가다' '으뜸'이라는 뜻의 순수한 우리말이다. 새로 밝아오는 해가 어떨지 그 운세는 알 수 없기에 낯설 수밖에 없고, 그래서 언행도 삼가며 신중해야 한다는 가르침이 숨어 있는 날인 것이다. 그런 날에 도영 시인은 버들가지에 물이 오르고 새순이 부풀어 오르듯 모든 것이 순조롭게 잘 풀리기를 기원한다. 그 행위는 2연과 3연에서 구체적으로 나타난다. 파란 하늘 아래서 아무 탈이 없기를 기원하는 염주알 굴리기다. 파란 하늘처럼 순수한 마음, 한 알의 염주알은 가족일 수도 있고 이웃일 수도 있고 인류를 향한 자비심일 수도 있다. 그들을 향해 아팠던 순간들은 세월에 실려 보내버리고 모두가 하고자 하는 일들을 선하게 이루기를 바라는 마음을 담아냈다.

마지막 행의 '선하게'에 의미가 있다. 선한 뜻이기에 선하게 이루어진다는 일종의 믿음이다. 악한 생각들, 음흉한 계획들은 아예 기원의 대상이 아니다. 인류를 위한 꿈, 가족의 평화를 위한 기원인 것이다. 짧은 시 속에 담긴 뜻이 웅대하다.

우리의 일상에 커피가 없다면?

커피가 깊은 사색과 휴식에 도움을 주는 것은 불문가지의 사실이다. 그러나 요즈음의 커피는 기호식품의 기능 못지않게 업무와 사무적인 곳에 더 많이 사용한다. 한국 전통차가 자리를 잃을 만큼 전 국민의 애호식품으로 자리 잡은 커피, 그 커피를 시의 소재로 한 시는 의외로 많다. 그만큼 사람의 삶에 깊이 파고들었다는 의미다.

흑갈색 잔 위로
훈훈하게 피어나는 옛 생각
방 안 가득
명동의 다방들이 살아나
그림을 그린다

두 손 가득
따스하게 전해 오는 커피향
지난 아픔들이 스르르 녹아들어
휑한 가슴 가득 가득
온기로 채워 준다

—「커피 2」 전문

커피 한 잔의 여유가 예사롭지 않다. 한 잔의 커피가 살려내는 추억은 휑한 가슴을 온기로 채워주어 세상을 평화롭게 한다. 명동을 누비던 지난날들이 한 편의 그림처럼 살아나고 커피잔을 움켜쥔 두 손을 타고 전해오는 따스함이 아픈 기억들을 지워주는 이상한 기능의 향정신성 식품이다. 지금 이 시간에도 얼마나 많은 이들이 커피잔을 기울이며 세상을 논할 것인가. 그 속에 추억이 있고, 평화가 있고, 사랑이 있다면 커피가 인류에 기여하는 공은 가히 금메달감이다. '커피 1' 역시 비슷한 주제를 비슷한 기법으로 쓴 시라서 같은 시선으로 감상할 수 있는 편안한 시다.

2. 빈 공간을 채우는 사색의 산길 들길

살다 보면 빈자리가 보이기 마련이다. 나의 빈자리는 물론 이웃과 사회의 빈자리도 보이고 나의 사랑과 관심이 필요한 빈자리도 보인다. 빈자리를 잘 채우는 이들을 가리켜 사회사업가, 자선운동가라 하여 그들의 실천적 사랑을 칭송하며 표창하기도 한다. 그러나 시인은 정신적 사랑으로 그들을 위무한다. 물질적 사랑으로 직접적 해결은 못 해주더라도 근본적인 문제에 접근하여 사회에 알리고 공감대를 형성하여 아름다운 사회를 이루는 방향타 역할을 한다. 그 방향타의 안테나가 어느 쪽으로 기우느냐에 따라 시인의 경향을 가름하지만 대부분이 박애정신으로 기운다. 제1부에서 서서히 박애정신으로 방향을 잡은 도영 시인은 제2부에서 역시 박애정신에 집중적인 관심을 기울였다. 특히 현대 사회의 한 그림이라 할 수 있는 '그 남자의 색소폰 소리' '밤하늘' 그리고 과거를 회상하는 '모성' '원두막' '1950년 대구' 등은 시공을 넘나드는 시적 영역이 어느 정도인가를 알게 한다.

의자는 보이지 않아도
무릎 모으고 앉은 바로 앞
파란색 조그만 바구니 속에

날개 편 학이 은전 사이로 날고
퇴계, 율곡, 세종대왕이
어전회의를 하듯 사이좋게 앉아있다

산 입구 세 갈래길 모퉁이에서
색소폰 소리가 울려 퍼지면
나뭇가지들이 덩달아 춤추고
웅덩이 모래알들 반짝이는 사이로
쬐끄만 고기들 음악에 취해있었다

산들이 한들거리고
물도 쉬었다가는 깊은 골짜기
그 어느 세월에 강산이 바뀌었는지
나뭇잎에 하늘이 보이지 않고
정확했던 선율이 흔들거려도
그는 여전히 색소폰을 연주한다

비틀거리는 음률에
나뭇잎들도 휴식을 취하고
제자리에 머무는 옥타브들이
물소리에 젖어 골짜기를 허우적댄다

대중가요에 흘러간 명곡
때로는 민요와 클래식까지
계곡을 울리던 그 다양한 음악이
이젠 가을맞이 낙엽처럼
느릿느릿 세월을 맴 돈다

—「그 남자의 색소폰 소리」 전문

북한산 자락에 들면 그 색소폰 연주자는 지금도 연주를 한다. 젊은 날부터 북한산을 오르던 도영 시인은 물소리 바람 소리와 합주를 하는 그 색소폰 연주를 듣고 은전 몇 잎 던져주었는데 요즈음에는 퇴계, 율곡, 세종대왕이 전속 모델로 앉은 지전을 그 파란 바구니에 넣곤 한단다. 산을 오를 때면 일부러 그곳을 지나친다는데 예전의 힘이 실린 색소폰 소리가 이제는 처량하게 들린단다. 그래도 여전히 세월을 이기고 연주해대는 색소폰 연주자를 보면서 삶의 용기를 얻는단다. 세상 살아가는 방법이 사람에 따라 다르기 마련이지만 산자락에서 한 세상을 지켜온 그 연주자로부터 큰 위안과 용기를 얻었다는 고백은 세상을 향한 사랑의 확장은 바로 그 연주에 있었음을 밝힌 것이다.

1연의 도입에서 보인 전체적 분위기의 제시와 2연의 활기차던 시절의 회상, 3연의 세월이 실린 음악의 처진 소리, 그것은 연주자의 세월을 의미한다. 그래도 그것이 삶이기에 지치고 힘이 들어도 계속 연주하는 의지를 보인다. 4연은 연주자의 음악적 수준을 제시하여 사회적 인식이 낮은 '딴따라' 수준이 아님을 밝혔다. 그 남자의 색소폰 소리를 통해 자신의 삶을 예단해 보는 성찰의 계기가 '그 남자의 색소폰 소리'다. 타인의 삶을 자신의 시쓰기와 연계해 보며 연민의 정감을 보이는 관심이 사회적 사랑으로 확장되어 나타나는 것이다.

복잡한 생각들
구름 위로 날려 보내고
텅 빈 머리 차곡차곡
사랑으로 채우자

냉장고 같은 머릿속
멍한 정신으로
한 줄 한 줄
속 깊은 글로 채워가고

사유의 공간은 비워 두자
청각*을 모셔놓고
김치 속에 넣지 않는
어느 해처럼 실수하지 않도록

＊청각 : 녹조류 청각과에 속한 바닷말

—「빈 공간 채우기」 전문

단순하게 진술한 이 시는 결국 자신의 머리를 비워야 한다는 내용이다. 그러므로 빈 공간은 자신의 머리다. 좋은 시를 쓸 수 있도록, 아니 속 깊은 글로 채워갈 수 있도록 사유의 공간으로서 머리를 비워 두자고 했다. 그런데 이 진술의 내용은 제목과 반대다. 제목은 '빈 공간 채우기'인데 비해 내용의 실상은 비워야 한다고 역설(逆說)했다. 비워야 채울 수 있는 반전의 진실, 그래서 이 시는 읽을수록 맛이 살아난다.

1연에서 복잡한 생각들 날려버리고 빈 공간을 차곡차곡 사랑으로 채우자고 선언한 것은 자신을 향한 다짐이자 각오다. 2연에서는 그 정도를 높여 냉장고 같은 머리로 속을 철저히 비워야 한다며 그 비움의 정도를 높였다. 3연은 망각증세를 보이는 중년 이상의 여인들이 김치를 담그다가 실수하는 장면으로 시의 주제를 강조했다. 내용적으로 점층적 기법을 사용한 주제의 강조다. 각주를 단 청각은 김치의 맛을 더하기 위해 김치 속으로 넣는 해조류의 양념이다. 실컷 준비해 놓고 막상 사용하지 못한 예를 시의 소재로 사용한 것이 여성적이다.

영덕대게 사이소오

투박한 목소리
달빛 오른 대바구니 어깨가
갈지(之)자 걸음으로
골목길을 누빈다

전쟁의 아픔 가시기도 전
판잣집 아지매
여닫이문 밀치고

몬 팔았능교
와서 밥 묵고가소

수그러진 머리로
당나귀 귀가 된 아재
서둘러 밥상을 물려도
쩌렁거리는 울림이
어둠에 묻힌다

건장한 목소리
밤하늘을 뒤흔드는
골목길

—「1950년 대구」 전문

전쟁을 소재로 한 문학은 많다. 더구나 세계의 문단사를 기록할 만한 전쟁의 유명한 작품도 많다. 아쉽게도 우리나라는 6·25 전쟁이 유엔 16개국이 참전한 세계 전쟁인데도 세계사에 남을 만한 전쟁문학이 없다. 그나마 구상 시인의 '초토의 시' 모윤숙의 '국군은 죽어서 말한다' 박봉우의 '휴전선' 등이 6·25를 소재로 한 시문학인데 이들은 처참한 당시의 폐허나 전쟁의 폐해, 분단의 아픔 등을 노래하는 수준에 머물렀다. 그에 비해 도영 시인은 전쟁 중에도 찾을 수 있는 따뜻한 인간애를 그렸다는 점이 다르다. 그래서 당시의 상황을 추억하는 아름다운 장면을 그려낸 것이다.

과거의 회상은 아픔일 수도 있고 회한일 수도 있다. 아련한 그리움으로 되살아나다가 때로는 후회스

러워 지워버리고 싶은 것이 과거의 일이다. 도영 시인에게 과거의 일들이 모두 배움의 현장이자 이 시대에 되살리고 싶은 아름다운 삶의 현장이다. 정감이 실린 과거, 오늘날의 각박한 현실과 비교되는 정겹던 날들이 오히려 사람 살 만한 날들이었음을 회억(回憶) 해낸다. 인생살이의 많은 경험을 사랑과 애착이 실린 삶의 일부로 받아들이고 이를 시화(詩化) 해내려는 문학적 시도가 뒤따르기 때문에 가능하다.

6·25 전쟁의 상흔 속에서도 훈훈한 인심이 내재해있는 풍경, 그것이 어려움을 이겨내는 공동체들의 모습이자 이 시대를 사는 사람들이 본받아야 할 원형적 자산이다. 대게를 파는 장사에게 '몬 팔았능교/ 와서 밥 묵고가소' 라고 말을 건네는 사람 역시 같은 시장인이다. 어렵던 시절 인간의 내면에 숨은 사랑의 본능이 표출될 때 따뜻한 풍경으로 살아난다는 것을 이 짧은 시구가 증명한다. 어렵던 시절의 훈훈한 인정이 오늘날의 반면교사임을 감지하여 작품으로 승화해 낸 것이다.

이 시에서 읽을 수 있는 시적 감흥의 특징은 과거사를 현재형으로 재현해낸 점이다. 1950년대의 일들이 마치 눈앞에서 펼쳐지듯 현재형 문장으로 진술하여 생동감이 있다. 시적 감흥의 현재적 정화다.

3부 사색의 산길 들길에서는 꽃을 소재로 한 서정적 감상을 노래한 시들이 많다. 그 중 '산행' '세월'

'물길' '강변 가로등' '갈대'등이 시선을 끈다.

물안개 자욱한 산골짜기
하늘을 가린 개벚나무들
비에 젖은 눈발이 되어
계곡을 흐른다

못다 산 영혼들
넓은 세상 찾아 나선 길
사념에 젖은 그곳에
꽃잎들 소리 없이 날린다

—「산행」 전문

산벚꽃이 지는 풍경을 새 세상을 찾아 나서는 영혼에 비유한 시각이 어찌 애처롭다는 느낌을 준다. 벚꽃이 날리는 산골짜기의 풍경을 순정적 젊음의 산화(散花)로 보았기 때문에 소리 없이 날려야 하고 바람도 고요해야 한다. 그곳을 적시는 비는 사념의 깊이를 더해주지만 단순한 산행에서 느끼는 감상치고는 너무 숙연하다.

이어지는 '세월'은 '산행'의 분위기를 더해주면서 숙연하게 한다. 꽃샘추위에 내리는 안개비, 강둑에 부풀어 오르는 새싹들, 굵어지는 빗줄기에 몸이 으스스해지는데 '걷던 길/ 돌아서게 하는// 멈출 줄 모르고/ 가기만 하는 세월'로 세월을 원망하듯 탄로

(嘆老)의 형식을 취했다. 그로 인해 꽃들의 시련이 더해짐은 물론이다.

세찬 강바람에 흔들려도
바람길 낮게 열어
허리 아픈 한나절
햇살 따라 흐르는 물길에
사그락사그락
온몸으로 노래한다

손사랫짓 흔들리는 가락에
분신을 실어 보내야 하는
정처 없는 하얀 여정
떠나라 멀리
눈시울도 하얗게 물드는
바람결의 갈대 숲

—「갈대」 전문

갈대의 심정은 피붙이를 떠나보내지 않고 한 곳에 살고 싶은 마음일 것이다. 그러나 실바람에도 날려 가는 것들을 붙잡을 수 없어 차라리 낮게 길을 열어 주는 지혜를 보인다. 그러면서 허리 아프도록 애쓰는 노력도 아랑곳없자 차라리 떠난다는 것들을 향해 차라리 멀리 떠나라고 절규한다. 외형적 절규로 보이는 그 내면에는 실상 분신의 아픔을 감내하는 수용적 자세다. 운명의 수용, 그것이 아픔을 이겨내는 방법일 수도 있기에 1연에서 보인 온몸으로 노래를 하는 장면은 그 자체가 울음인 것이다.

3. 사계의 단상

4부 '봄날의 단상'과 5부 '순환의 고리'는 계절의 순환 속에서 일어나는 여러 가지 감흥을 시화했다. 춘하추동이라는 계절의 순환에 따라 시심을 노래했기에 시의 감상이 편안하다. 봄은 생동하는 생명의 찬양과 신비에 감탄하는 내용이 있어 자연스럽다. 그런데 이상하게도 가을 시는 9편, 겨울 시는 8편으로 그 양이 고른데 봄 시는 13편, 여름 시는 4편이다. 이는 지난여름의 가마솥더위가 사람을 괴롭힌 까닭이 아닌가 싶으나 그 내면은 희망과 꿈을 노래하는 봄이 좋아서다. 여름은 정열을 말하지만 정작 나이 든 세대에게는 고통을 감내해야 하는 것으로 인식하기 쉬운 계절이다.

봄 시로는 '숨'을 서시로 하여 숨통이 터지는 사계를 상징했다. 겨울의 침잠으로부터 튀어나와야만 성장과 번창과 결실이 있다. 그래서 바위도 뚫어야 하는 '숨'은 곧 생명의 약동을 상징한다.

바위도 뚫고 나오는
생명의 힘
쑥쑥 고개 내밀어
지난날을 기지개 켠다

도끼도 튕기는 굳은 땅 위에
새 생명이 트는 숨소리
귀 기울여 들어보는
겨울넘이의 꿈틀거림들

목을 감싸 움츠리고 걸어도
툭 툭
튀어나온 이마를
살짝 스쳐가는 봄바람

―「숨」 전문

봄의 숨소리치고 활기차고 힘이 있다. 1연에서 제시한 '바위도 뚫고 나오는/ 생명의 힘' 은 동장군의 갑옷 정도는 가벼운 깃으로 여길 만큼 큰 기개로 보인다. 이어 '쑥쑥 고개 내밀어/ 지난날을 기지개 켠다'는 장면은 귀엽다 못해 애교스럽다. 물새가 몸을 흔들어 물기를 털어내듯 고개 내밀고서 기지개를 켜는 장면은 봄의 원형으로 상정해도 좋은 장면이다.

2연서는 1연의 강도를 더했다. '도끼도 튕기는 굳은 땅'에 새 생명의 움트는 소리가 들린다. 그래서 겨울을 넘기 위해 꿈틀거리는 봄의 형체를 제시했다. 3연은 그 봄을 맞는 시인의 몸가짐을 나타냈다. 즉 내 몸이 아직 봄을 맞은 준비를 안 했어도 봄은 살짝 내 이마를 스쳐 봄의 소식을 전해주다는 자연의 이치를 노래했다. 계절의 순환을 알리는 서시로

서의 기능이 충분하다.

이어지는 '봄날' '봄소리' '봄을 기다리며' '봄비' '봄바람' 등 계속되는 시편은 '봄'의 시리즈다. 봄의 속편으로 보아도 무방한 시라서 봄1, 봄2, 봄3처럼 한 편으로 묶어 번호를 매겨도 좋은 내용이다. 그중 '봄날 3'은 경쾌한 리듬과 날렵한 동작성을 지녀 통통 튀는 아이를 보는 느낌이다.

봄의 속성을 이렇게 날렵하게 쓴 시는 많지 않아 정겹고, 처음 대해도 익숙하다. 더구나 각 연마다 '~하네요'를 반복하여 각운의 효과로 음악성을 살려낸 것도 특징이다. 미국계 시인이자 문학 평론가였던 토머스 엘리엇(T. S. Eliot 1888~1965)이 '황무지'에서 4월을 가장 잔인한 달(April is the Cruellest Month)로 묘사한 것과는 느낌부터 다르다. 봄으로 대변되는 4월을 시인은 얼마든지 잔인한 달로 인식하게 할 수도 있으나 도영 시인처럼 봄을 재기발랄하고 귀여운 꼬마처럼 그려낼 수도 있다. 그것이 시인에게 주어진 특권이다. 오는 봄에는 어디든 통통 뛰어다니며 아지랑이 속도 거닐어보고 사랑도 만나보고 싶다. 시가 주는 감흥의 결과다.

옥수동 꼭대기 막다른 길모퉁이
생선의 희멀건한 눈들을
멀뚱히 지켜보는 맥 빠진 모습

리어카를 매단 자전거 페달을
힘주며 밟아대는 얼굴이 벌겋다

등 뒤에 매단 애드벌룬이
페달의 힘살에 흔들거려도
부릅뜬 시선은 강물에 꽂혔다
마포나루터에 자리를 잡아
애드벌룬이 강물에 자맥질하는 순간
몸 속의 화기도 띄워버렸다

폭염보다 더한 삶의 무게
작은 몸뚱이 붉은 산이 되어
강변으로 휩쓸려가도
삶의 열망에 찬 얼굴이 밝다
찜통 더위도 어쩔 수 없는

—「폭염을 실어 나르는 사내」 전문

인간애의 사회적 승화를 확인하는 시다. 생선을 파는 어느 상인의 일상을 그린 이 시는 더위를 이겨내는 인간승리의 한 장면이 담겨 있어 숭고한 느낌이 들기도 한다. 자전거에 묶은 리어카에 생선을 싣고 페달을 밟으면 더위에 얼굴마저 붉게 타오른다. 그러나 등 뒤의 애드벌룬은 그만큼 살랑거려 꿈을 흔들어 준다. 그래서 몸속의 화기마저 띄워버리는 현장의 삶이 가상하다.

희멀건 눈의 생선이 삶의 시련을 뜻한다면 애드벌

룬은 그런 중에 삶의 희망과 꿈이 살아 있음을 상징한다. 음과 양, 절망과 희망의 교차점에서 작은 몸뚱이가 산이 될 만큼 힘이 들어도 '삶의 열망에 찬 얼굴이 밝다'고 한 서술은 곧 어두운 곳에서 희망을 읽어낸 것이라서 시 자체가 희망적이다.

'울엄매의 장사 끝에 남은 고기 몇 마리의/ 빛 발(發)하는 눈깔들이 속절없이/ 은전(銀錢)만큼 손 안 닿는 한(恨)이던가/ 울엄매야 울엄매' 박재삼의 '추억에서' 앞부분이다. 이 시는 생선 장사를 하는 어머니의 추억을 아리게 표현했는데 이와 비교하면 송방자 시인은 오늘의 고통이 내일의 보람이라는 것을 암시한 고진감래(苦盡甘來)의 교훈이라서 차이가 있다.

더불어 눈여겨 볼 여름의 시로는 '더위'다.

해마다 이맘때면
어김없이 찾아오는 당신

얼른 갔으면 해도
전혀 떠날 기색이 없어

차라리
야참이라도 같이 먹자 달래 보네

—「더위」 전문

더위를 이 정도로 다룰 수 있으면 인생을 달관한

것이다. 환자들이 아예 병과 같이 살면서 다스리듯이 찜통 같은 더위라도 친하게 친구처럼 지내면 오히려 더 시원할 것이라는 역전의 미학이 숨어있다.

5부 '순환의 고리'에서는 가을과 겨울을 묶었다. 여름의 고통을 4편의 시로 벗어나 가을로 접어들어 순환의 고리가 덜컹거림처럼 보이지만 가을과 겨울에서 다시 균형을 이룬다.

가을이 물든 산을
오르고 있다
어느 화가의 풍경화처럼
채색이 한창이다

그 속으로
내가 걷고 있는데

바스락거리는
순이의 사연이 뒤따라 온다

가을 속의 난
님에게 전하지 못한 사연을
단풍 엽서에 실어
다시 가을 속으로 보내고 있다

—「가을 1」 전문

가을에 내가 묻히는 정경, 그것은 물아일체의 경지다. 가을과 내가 하나 되는 매체는 사람을 만나면 족하고 그마저 없으면 가을에 쌓은 추억만 있어도 가능하다. 그것이 가을과 일체가 되는 연결고리를 해준다. 도영 송방자 시인은 스스로 가을을 향해 걷고 있다. '어느 화가의 풍경화처럼/ 채색이 한창'인 가을 산에 이르니 새록새록 추억이 살아난다. 더불어 가을을 속삭이던 순이와의 이야기가 되살아나 뒤따라 온다고 구체화했다. 그래서 시적 자아는 미처 전하지 못한 사연이 떠올랐다. 그래서 그 사연들을 단풍잎에 적어 보내는 신선 같과 같은 이야기로 전개한다. 다른 작품들 역시 가을의 정취를 노래하지만 그 중 '갈바람'은 '가을 1'에서 보인 물아일체의 경지를 더 구체화 한다.

나를 따라오는
붉디붉은 바람
갈- 갈 갈- 갈
그리움을 안겨주네

도심 속
아스팔트에 뒹구는 가을
차들의 느린 행렬에
석양빛이 내려앉고 있네

—「갈바람」 전문

1연의 '나를 따라 오는/ 붉디 붉은 바람'이 '갈- 갈 갈- 갈/ 그리움을 안겨주네'와 같이 가을과 시적 자아는 이미 일체가 된 상황이다. 이는 가을에 묻혀 자연의 일부가 된 사람의 심정을 노래한 것이다. 그러더니 2연에 들어서는 가을이 아스팔트에서 뒹굴고 '차들의 느린 행렬에/ 석양빛이 내려앉고 있네'라며 객관적 사물들도 자연의 일부가 되어가는 과정을 노래했다. '가을 1'의 상황이 보다 더 구체화되고 순도가 깊어진 상태로 발전된 모습이자 봄날의 서정을 거쳐 여름의 고난을 이겨낸 자들이 누릴 수 있는 순치된 삶의 변형이다.

자연은 언제나 인간의 곁에서 결실을 요구하는 가르침으로 다가온다. 낙엽처럼 떠나는 것도 결국엔 여름의 시련을 이겨낸 변화의 결과이며 시적인 승화다. 결국 자연과의 일체감을 시로 표현해내는 도영 시인의 심리는 자신도 가을처럼 결실을 맺어야 하는 심리적 욕구를 발현한 것이다. 사물에 의탁한 내면의식의 현현(顯現), 그것이 갈바람의 형체다. 그렇게 속에 감추인 자신을 드러내는 사람은 자신감으로 가득해 정신적 삶이 풍요롭다.

요즈음에는 가을을 배웅할 틈도 없이 겨울이 찾아온다. 가을인지 겨울인지 경계선이 분명하지 않은 것이 요즈음의 날씨다. 그래도 분명한 한계는 있다. 눈이다. 눈이 내리면 아무리 단풍이 많아도 겨울로 인정한다.

하늘로 내달린 키다리 빌딩
여름 내내 담아 온 사연들이
차가워진 시멘트벽 사이를
하얀 한숨으로 휘날린다

그 오랜 인고를 이해하는 듯
바람마저 혼곤히 낮잠으로 비켜서고
뒹구는 낙엽을 지켜보는 나무들도
가만가만 소복으로 단장한다

—「첫눈」 전문

옛날에는 도심이라도 집들은 대부분 키가 작았다. 그중 학교가 제일 큰 건물이었고 어쩌다 우뚝 선 빌딩은 주변의 산을 가리지 않았다. 그러나 어느 세월에 빌딩들이 다투어 키재기를 하며 바람길을 막아 빌딩 숲새의 골목길은 태풍이 휘달리는 삭막한 길로 바뀌었다. 도영 시인은 이 장면을 놓치지 않았다. '하늘로 내달린 키다리 빌딩/ 여름 내내 담아 온 사연들'을 읽어낸 것이다. 여기에 가을의 사연을 넘어버린 것은 도시의 삭막함을 강조하려는 의도다. 빌딩의 키가 크는 바람에 음영의 깊이가 더해져 차가워진 겨울과 대비시켜 대조의 효과를 살렸다. 그래서 빌딩 숲 사이로 내리는 눈을 '차가워진 시멘트벽 사이를/ 하얀 한숨으로 휘날린다'고 했다.

2연에서는 첫눈 내리는 날을 포근한 장면으로 묘사했다. '오랜 인고를 이해하는 듯/ 바람마저 혼곤히 낮잠으로 비켜서고'가 그것이다. 첫눈 내리는 날은 아무래도 포근해야 제맛이다. 바람에 휘날리는 것은 한겨울의 삭막함을 의미하기 때문에 첫눈에 대한 기대는 무참히 무너지고 만다는 것을 전제했다. 그래서 바람도 혼곤히 낮잠을 자며 눈이 내리는 길을 비켜선다는 자연현상을 시에 적용하는 기법이 뛰어나다. 어디 그뿐이랴. 뒹구는 '낙엽을 지켜보는 나무들도/ 가만가만 소복으로 단장한다'며 자연도 협력하는 질서를 도입한 것은 가히 신앙적이다. 기도하는 나무들의 모습, 그것은 첫눈 내리는 날의 분위기를 살려주는 자연의 협주곡인 것이다. 소복을 입고 정중히 서서 첫눈이 내리는 날의 조화를 이루는 경지, 그것이 겨울을 맞는 도영 시인의 심정이다. 주변의 모든 것들이 아름다운 조화를 이루도록 협력하고 기도하는 마음이 차가운 겨울을 맞는 민심이기를 바라는 심정인 것이다.

겨울은 '눈 속의 들국화'가 감상의 맛을 더해주는데 전체적인 시집의 마무리는 '바람이 가는 길'이다. 부제를 '봄 찾아 나선 길'로 제시하여 또 다른 순환을 위해 계절을 마무리하는 의미이자 다시 새로운 봄을 찾는 시작점의 개척에 의미를 두었다.

동면 지나 어디쯤 왔을까
광나루 근처 와보니
벌써 마포에 다다랐는지
냉랭한 공기가 사뭇 따사롭다

아니야!
재래시장 순대 국밥집
그 주변에 머물러 있겠지
바람결에 들려오는 염불 소리 따라
발걸음 가벼이 고찰까지 왔겠다

후미진 마당가에
목련 산수유 몇 그루
향기가 제 먼저 찾아와
추녀 끝에 대롱거린다

—「바람이 가는 길」 전문

'봄'은 보다[見]에서 파생한 명사다. 숨죽였던 겨울을 이기고 싹을 틔우는 생명체들이 새 삶의 향연을 벌이는 것이 봄이다. 그 봄을 다시 만나는 것은 살아있음을 뜻하기 때문에 봄을 찾아 나서는 길은 곧 살아있음을 확인하는 일이다. 이상화는 나라를 빼앗긴 암울한 현실을 '빼앗긴 들에도 봄은 오는가'라는 물음으로 울분을 토로해지만 결국엔 봄을 맞지 못하고 1943년 4월 5일, 이 땅에 봄이 오기 2년 전 세상을 등졌다. 봄이 국가적인 차원에서 빛을 상징하면 목숨을 다해 맞이해야 할 대상이지만, 개인적인 차원으로 꿈이나 이상을 상징할 때는 생명과도 같은 것이다. 그래서 같은 봄이라도 나이가 든 사람은 더없이 절실하게 느껴지는 것이다.

도영 시인은 '숨'으로 열어젖힌 순환의 고리를 다시 '숨'과 같은 '봄'으로 마무리 한다. 그런데 봄을 찾아 나서는 길은 마무리가 아니라 새로운 시작이다. 끝없는 순환이 이루어져야 살아있는 것이고, 살아있어야 시를 쓸 수 있는 암묵적 자기 확인이 바로 '바람이 가는 길 – 봄 찾아 나선 길'이다.

이 시는 구성이 참 재미있다. 1연에서는 한기가 누그러져 다소 따사로워진 공기로 봄의 위치를 확인한다. '동면 지나 어디쯤 왔을까/ 광나루 근처 와보니/ 벌써 마포에 다다랐는지/ 냉랭한 공기가 사뭇 따사롭다'로 구체적인 지명까지 제시하여 실감을 더했다. 광나루에서 따뜻한 공기를 느꼈으니 봄은 아마 마포쯤 와있으리라는 상상이 참으로 싱싱하고 참신하다. 흔히 '낯설게 하기'의 기법으로 생경한 용어나 비유를 사용한 시보다 감칠맛이 있고 시적 감흥을 더해주어 더 시적이다.

2연에서는 '아니야!'로 강하게 부정한다. 이는 긍정을 유도하기 위한 방법이다. 강한 부정은 오히려 강한 긍정일 수 있다는 평범한 논리가 시에도 적용되는 예를 보여주는 시다. '재래시장 순대 국밥집/

그 주변에 머물러 있겠지/ 바람결에 들려오는 염불 소리 따라/ 발걸음 가벼이 고찰까지 왔겠다'며 점점 더 가까운 곳으로 시선의 이동을 유도한다.

문제는 시선이 머무는 지점이다. 재래시장의 순대국밥집은 바로 이웃에 있는데다 자주 들를 수 있어 심리적으로도 가깝다는 느낌이 들어 무리가 없다. 그런데 염불 소리 들리는 사찰은 대부분 민가와 유리된 산에 있어 순대 국밥집보다는 먼 느낌이다. 여기에는 도영 시인만의 심리가 숨어 있다. 불자라면 사찰이 가장 편안하고 안정적이어서 가까운 느낌이 들기 마련이다. 그러므로 새로운 기대와 꿈, 심지어는 생명의 연장으로 보는 '봄'이 사찰까지 와있어야 믿을 수 있다는 내면의식이다. 그렇게 봄이 절대자에게까지 다다랐기에 이제는 '후미진 마당가에/ 목련 산수유 몇 그루/ 향기가 제 먼저 찾아와/ 추녀 끝에 대롱거린다'는 봄의 품에 안길 수 있는 것이다.

▶ 마무리

도영 송방자 시인은 인생살이로서는 누구에게나 가르침을 줄 수 있을 만큼 원숙한 삶을 사신 분이다. 팔순의 할머니가 헤치고 온 대한민국의 역사는 그렇게 녹녹지 않았기에 삶의 현장에서 보고 들은 경험은 교육에 활용할 수 있기에 소중한 자료다. 그래서 도영 시인의 시는 그만큼 다양하면서도 교훈적이다. 그런 내면적 가치를 사장(死藏)하지 않고 시집으로 엮어내는 자체만으로도 찬양할 만한 일인데 곧이어 수필집과 제3시집을 내겠다는 열의를 보여 존경스럽다.

제2의 인생을 무엇으로 채울 것인가를 고민할 틈도 없이 스스로 문학의 길로 나서 정열을 다하는 모습이 존경스럽다. 『낙엽 여행』의 해설을 쓴지가 얼마 안 되는데 또다시 해설을 부탁하는 원고를 보낸다기에 설마 했다. 그런데 어김없이 서초문화대학 강의실로 원고를 들고 오셨다. 시에 매달린 결과물들이 반기듯 대봉투 속에서 고개를 내밀었다.

제2시집의 해설을 쓰면서 성동문화원에서 시공부를 계속하고 있다는 귀띔에 '역시'라는 감탄사가 저절로 나왔다. 아들과 손녀를 키우는데 젊음을 소진하고 이제는 자신을 위해 시간을 투자하는 모습이 어찌 그리 위대해 보이는지, 정성을 다해 시를 읽었다. 매듭지어야 할 때를 알고 분명한 시기를 택한 도영 송방자 시인은 자신을 위해 문학을 선택하고 그 길에 정열을 쏟아내는 모습은 가히 타의 추종을 불허한다.

'시인이 많으면 많을수록 사기꾼이 줄어든다'

평소 내가 주장하는 시인론이다. 시를 읽는 사람보다 시를 쓰는 사람이 더 많다는 세평(世評)에 대한 반론이다. 시 쓰는 작업을 전문적 직업인으로 보는 시대는 이미 옛일이 되었고 이제는 대중 시인의 시대다. 보령문인협회에서 '누구나 시인'이라는 주제를 해변시인학교를 열 듯 이제는 누구나 시인일 수 있는 시대다. 시인이 시를 쓰는 순간은 더없이 맑고 순수하다. 그 순간의 사람됨이 일상생활에도 적용된다면 시인이 많은 사회가 더 순수할 수밖에 없지 않은가. 과거에 문학소녀가 아닌 사람이 없듯 누구나 문학적 심성을 지니지 않은 사람이 없다. 그래서 누구나 시인일 수 있는 것이다.

곧 수필집도 상재하겠다는 언질에 그 꿈도 곧 이루어지리라 확신한다. 더불어 생활 속에서 시와 수필을 낚아내는 중견 시인의 탄생에 축하의 박수를 보내며 갈수록 각박해지는 이 땅에 밝은 빛으로 활동해 주시기를 기대한다.

문학세계대표작가선 870

빈 공간 채우기

송방자 시집

인쇄 1판 1쇄 2018년 11월 16일
발행 1판 1쇄 2018년 11월 23일

지 은 이 : 송방자
펴 낸 이 : 김천우
펴 낸 곳 : 도서출판 천우
등 록 : 1992. 2. 15. 제1-1307호
주 소 : 서울시 성동구 무학봉28길 6 금용빌딩 2F
전 화 : 02)2298-7661
팩 스 : 02)2298-7665
http://moonhak.wla.or.kr
E-mail : chunwo@hanmail.net

값 10,000원

ISBN 978-89-7954-740-5

이 도서의 국립중앙도서관 출판예정도서목록(CIP)은 서지정보유통지원시스템 홈페이지(http://seoji.nl.go.kr)와 국가자료공동목록시스템(http://www.nl.go.kr/kolisnet)에서 이용하실 수 있습니다. (CIP제어번호: CIP2018036730)